Le métier de rêve d'ESport

Comment améliorer rapidement vos compétences avec des méthodes simples, devenir un Progamer et percer dans l'eSport

Adrian Eris

CONTENU

Ce qui vous attend dans ce livre

Près de 40% de la population mondiale joue aux jeux vidéo. Que ce soit sur smartphone, console ou PC, l'industrie du jeu connaît une croissance rapide - sans aucun signe de stagnation. Mais il est fort probable que vous fassiez partie d'un pourcentage bien plus faible, car vous ne vous contentez pas de jouer à Candy Crush de temps en temps pendant votre temps libre, non, vous êtes un peu plus sérieux.

Vous avez peut-être déjà pensé à ce que cela ferait d'être un sportif électronique, ou vous savez très bien que le prochain rang est à portée de main. C'est pourquoi vous avez finalement décidé d'acheter ce guide, car vous voulez passer au niveau supérieur parce que vous savez que vous en avez les capacités. Dans ce livre, vous découvrirez quel type de joueur vous êtes et comment utiliser efficacement les atouts qui en découlent. Je vous montrerai comment et où trouver le matériel, les logiciels ou même les sites web adéquats et ce que vous pouvez apprendre des meilleurs joueurs. Il sera également question de ce à quoi vous devez faire attention en dehors des jeux, afin que vous puissiez démarrer la prochaine session avec toute votre énergie et votre meilleur potentiel de performance. Vous pouvez appliquer immédiatement les conseils de ce guide pour passer au niveau supérieur le plus rapidement possible. Tout ce dont vous avez besoin, c'est d'un peu de motivation.

De plus, le guide est général, donc tout le monde devrait y trouver son compte. Même si vous n'avez pas forcément envie de jouer à un titre de sport électronique, mais simplement de vous améliorer dans le jeu vidéo de votre choix. Êtes-vous prêt à passer au niveau supérieur ?

La fascination des sports électroniques

L'e-sport est en plein essor : on entend régulièrement parler de prix de plusieurs millions et de salaires à cinq chiffres. Le tout est financé par les droits médiatiques, le merchandising, la billetterie et bien sûr le sponsoring et la publicité. Les fabricants d'ordinateurs et d'accessoires comme Razer, Intel ou Alienware ont la part belle, mais les marques automobiles investissent également ; le partenariat entre G2 ESports, l'organisation européenne de sport électronique la plus performante actuellement, et BMW en est un exemple.

Si vous vous intéressez de plus près à l'e-sport, vous ne pouvez pas passer à côté des trois géants Counter Strike, Dota 2 et League of Legends, mais il existe désormais une place pour presque chaque jeu majeur sur la scène de l'e-sport. Que vous soyez stratège, amateur de jeux de tir ou de football, il y en a pour tous les goûts.

De ce fait, plus de soixante pour cent des Allemands ont au moins entendu parler de l'e-sport, comme l'a montré un sondage réalisé en 2018. L'Allemagne est le deuxième pays le plus actif dans le domaine des sports électroniques avec 973 joueurs, tandis que les États-Unis occupent la première place avec 4300 joueurs professionnels. Ces derniers ont également réalisé l'étude "Activate Tech and Media Outlook 2017", qui décrit l'e-sport comme le prochain grand phénomène technologique. Cette affirmation a été étayée par l'hypothèse selon laquelle l'e-sport deviendrait bientôt la deuxième plus grande audience aux États-Unis, dépassée uniquement par la National Football League (NFL).

De plus, contrairement à d'autres secteurs, la popularité n'a pas été entamée pendant la pandémie de Corona, elle a même légèrement augmenté, car l'esport a pu continuer à être pratiqué grâce à des événements en ligne.

Le potentiel de l'e-sport a également été reconnu par les clubs traditionnels : La plupart des clubs ont une équipe FIFA, Schalke 04 était même actif dans le League of Legends European Championship (LEC en abrégé), jusqu'à ce que l'équipe soit dissoute en juin 2021 pour des raisons financières. Ce qui est sûr, c'est que l'intérêt pour l'e-sport ne cesse de croître, y compris dans la Bundesliga.

Néanmoins, le marché est dominé par des équipes classiques de sport électronique comme Fnatic, Evil Geniuses, OG ou Team Liquid. Ces organisations ne se limitent pas à FIFA, mais ont des équipes pour plusieurs titres majeurs de l'e-sport, comme Counter Strike et League of Legends, déjà mentionnés. Ces équipes logent leurs joueurs dans ce que l'on appelle des "gaming houses". Les raisons sont simples : les joueurs peuvent se réunir en quelques minutes pour des réunions ou des entraînements, ils apprennent constamment à se connaître dans et hors du jeu et peuvent être coachés de manière appropriée. Lorsque l'on regarde House Tours depuis les bâtiments, on peut vite devenir jaloux. Les joueurs bénéficient d'un environnement d'entraînement professionnel avec du personnel pour pratiquement tout : des entraîneurs personnels aux agents d'entretien et aux cuisiniers, l'approvisionnement et la restauration sont presque parfaits.

Mais que pouvez-vous en tirer, pourquoi je vous en parle ? Parce que cela met en évidence un point important sur lequel je reviendrai plus tard, car vous pouvez vous entraîner autant que vous le souhaitez, si votre corps est fatigué, vous ne serez pas en mesure de fournir une performance optimale.

Les sportifs électroniques ont des cuisiniers et des entraîneurs personnels pour que leur corps soit en forme pour de longues sessions de jeu. Je suppose que vous ne jouez pas jusqu'à douze heures par jour comme ces joueurs, mais comme vous voulez vous améliorer, vous êtes prêt à y consacrer beaucoup de temps également. Le premier conseil est donc de bien manger et de bien dormir avant ou pendant les longues sessions de jeu. J'aborderai ces points plus en détail dans un chapitre ultérieur, mais je tiens à vous donner ceci pour commencer, afin que vous puissiez tirer le meilleur parti des conseils qui suivent.

Qu'est-ce qui vous définit en tant que gamer ?

Il existe plusieurs façons de devenir un meilleur joueur. Tout d'abord, il est important de savoir quel chemin vous voulez prendre. Ainsi, avant de connaître chaque recoin, chaque mécanique et chaque secret de votre jeu, vous devez d'abord vous connaître vous-même. C'est pourquoi ce chapitre vous aidera à créer votre profil de joueur individuel.

Vous devez avant tout savoir quel objectif vous avez en tête lorsque vous pensez à vous améliorer. Voulez-vous simplement monter de quelques rangs ou peut-être même faire de votre amour pour les jeux vidéo une carrière ? Dans ce cas, souhaitez-vous vraiment vous lancer dans l'e-sport ou plutôt épater les spectateurs avec vos compétences dans les flux Twitch ? Ces questions vous permettront de déterminer le temps, les efforts et éventuellement l'argent que vous souhaitez investir dans le jeu.

Heureusement, vous n'avez pas besoin de réfléchir longuement à chaque aspect, car certains tests de réflexion et de motivation peuvent le faire pour vous. Je vais vous présenter deux tests qui aident les joueurs à comprendre ce qui les motive à jouer.

D'une part, il y a le test Bartle, qui est basé sur le travail de Richard Bartle, qui a analysé et interviewé des joueurs et leurs préférences pendant 16 ans. Il convient de préciser d'emblée que ce test a été conçu pour les jeux multijoueurs et n'a donc pas beaucoup de sens pour les joueurs qui ne jouent qu'à des jeux solo.

Le test Bartle divise les joueurs en quatre types. Il y a d'abord les achievers, qui aiment le défi et le sentiment de réussite qui en résulte. Ils se fixent leurs propres objectifs, qui vont au-delà du simple fait de terminer un jeu. C'est le cas par exemple des "speedrunners" qui aiment se battre contre le dernier boss pendant que d'autres joueurs achètent leur première arme. Mais si vous avez déjà accumulé tous les succès d'un jeu ou si vous l'avez terminé au niveau de difficulté le plus élevé, vous pourriez aussi faire partie de ce type. Il s'agit de se démarquer des autres joueurs et de résoudre des défis particuliers.

Tout comme l'Achiever, l'Explorer cherche à tirer le meilleur parti d'un jeu, mais d'une manière différente. L'explorateur veut retourner chaque pierre, gravir chaque montagne et explorer chaque grotte. L'aspect compétitif disparaît au profit du monde et de l'immersion dans celui-ci. L'explorateur aime également trouver des bugs et des glitchs pour aller au-delà des limites prévues par le développeur. L'explorateur connaît probablement son jeu préféré sur le bout des doigts.

A l'opposé de l'explorateur, il y a ce qu'on appelle le tueur. Ils veulent soit se mesurer constamment aux autres joueurs, soit rendre la vie difficile aux nouveaux joueurs - littéralement. Ils sont très compétitifs et font passer le jeu d'équipe ou même la victoire au second plan, tant qu'ils ont pu montrer qu'ils étaient les meilleurs joueurs pendant le match. Ce type de joueur ne se soucie que de la domination du champ de bataille.

Le Socializer est l'opposé du Killer, comme son nom l'indique. Ce qui compte pour eux, ce n'est pas de remporter des succès ou de jouer contre d'autres personnes, mais de jouer avec d'autres personnes. Ils sont communicatifs, utilisent beaucoup le chat vocal et aident les autres joueurs. C'est l'aspect social des jeux vidéo qui leur importe le plus.

Cependant, personne n'est un seul de ces archétypes. Ils ont probablement pu s'identifier à certains aspects de plusieurs types, mais c'est ce que Bartle attendait. C'est pourquoi un total de 200 points de pourcentage est attribué pour le calcul, répartis entre les quatre types de joueurs. Il n'est pas possible d'obtenir plus de 100 points de pourcentage dans l'une ou l'autre des quatre catégories, de sorte qu'un résultat possible serait, par exemple, 80 % d'explorateur, 54 % d'achiever, 37 % de socialisateur et 29 % de tueur. Pour le quotient, les premières lettres de chaque type de joueur sont indiquées dans l'ordre décroissant, dans ce cas, vous seriez un EASK. Le site Web d'origine du test Bartle, "guildsafe.com", n'est malheureusement plus accessible, mais une nouvelle version du test est disponible sur la page d'accueil de l'expert en jeux informatiques Matthew Barr. En tapant *Bartle Test* sur Internet, vous pouvez donc découvrir quel type de joueur vous êtes.

Bien sûr, le test n'est pas parfait, mais il vous donne une bonne orientation que vous pouvez élargir en faisant le deuxième test.

Le second test s'appelle "Gamer Motivation Profile" et a été réalisé par Quantic Foundry, une société d'études de marché spécialisée dans la motivation des joueurs. Derrière ce projet se trouvent Nick Yee et Nic Ducheneaut, qui étudient les motivations et les comportements des joueurs depuis plus de dix ans. Ce modèle est sans doute aujourd'hui le plus fondé et le plus différencié pour distinguer les types de gamers.

Il se base sur les données de plus de 400.000 joueurs et les classe en six types de motivation au lieu de quatre. Chaque type de motivation est associé à deux mots clés qui définissent leur style de jeu.

Le type "action" est axé sur la destruction et l'excitation - plus il se passe de choses à l'écran, mieux c'est. Le type social fonctionne aussi bien en compétition contre d'autres joueurs qu'en équipe avec d'autres, tant qu'il y a d'autres joueurs avec lesquels il peut discuter et interagir. Le type "maîtrise" est un stratège qui recherche le défi et la difficulté. Dans le profil de motivation des joueurs, on trouve également un type de réalisation qui veut tout accomplir dans un jeu et qui aime avoir un personnage aussi fort que possible à la fin. Les joueurs qui aiment s'immerger dans le protagoniste et son histoire appartiennent au type Immersion. Leur personnage n'a pas besoin d'avoir le meilleur équipement, mais il doit être mature et intéressant. Enfin, il y a le type de joueur créatif, qui aime non seulement s'exprimer à travers ses propres créations, mais aussi explorer et expérimenter.

Vous trouverez facilement ce test en tapant "Gamer Motivation Profile" sur Internet, puis en vous rendant sur le site de Quantic Foundry.

Grâce à ces tests, vous avez pu vous faire une idée de ce qui vous définit en tant que gamer. D'une part, cela peut vous aider à découvrir de nouveaux jeux qui vous conviennent, et d'autre part, vous savez maintenant exactement ce que vous attendez d'un jeu. En gardant cela à l'esprit, vous resterez plus longtemps impliqué, ce qui est très important pour un projet comme celui de devenir meilleur dans les jeux vidéo. Après tout, la meilleure façon de s'améliorer est encore la plus simple : jouer beaucoup. Bien sûr, il y a plus que cela, sinon ce guide n'existerait pas, mais une bonne motivation pour jouer beaucoup est un point crucial pour ne pas oublier le plaisir de jouer.

Utiliser correctement vos points forts

Votre motivation n'est pas la seule chose que vous devez savoir sur vous-même si vous voulez devenir un meilleur gamer. Il est tout aussi important de connaître vos points forts et de jouer autour d'eux. Si vous avez des compétences particulières comme un temps de réaction rapide, un bon Aim ou une Map-Awareness spéciale, vous devriez les utiliser pour porter votre gameplay au plus haut niveau.

Vous n'êtes peut-être pas sûr de vos points forts. C'est normal, car lorsque nous jouons, nous ne faisons pas constamment attention à ce que nous faisons, nous nous concentrons sur le jeu et les actions de notre corps viennent d'elles-mêmes. La méthode la plus simple pour déterminer rapidement les aspects du jeu dans lesquels vous êtes bon est de demander un feedback. Par exemple, pendant une session de jeu détendue, demandez à vos amis où ils voient vos points forts.

Pour connaître vos points forts, il peut également être utile de savoir comment vous pensez. Là encore, vous trouverez de nombreux tests de personnalité et d'autoévaluation sur Internet, comme le modèle "Whole Brain". Vous le trouverez sur le site du HBDI (Herrmann Brain Dominance Instrument). Cet auto-test d'une durée de 15 à 20 minutes vous indique vos préférences en matière de style de pensée à l'aide d'un questionnaire.

Comment pouvez-vous maintenant utiliser ces connaissances dans le jeu vidéo ? Dans de nombreux jeux, il existe différents rôles ou personnages qui occupent un créneau particulier. Pour trouver le rôle parfait, faites simplement attention à vos motivations et à vos points forts.

Si vous pouvez jouer patiemment et que vous avez une bonne connaissance de la carte, les guérisseurs peuvent être un bon choix. Vous devez être patient, car il serait fatal que vous mouriez trop tôt en tant que soigneur. Vous devez souvent rester à l'arrière des lignes pour pouvoir soutenir les attaquants qui font des dégâts à l'avant, mais vous en prenez aussi beaucoup vous-même. Ce rôle peut également vous convenir si vous vous êtes le plus identifié au type social lors des tests de motivation.

Si vous n'avez pas envie d'attendre longtemps et que vous aimez semer la zizanie chez vos adversaires, jouez un rôle agressif comme Attaquant ou Assassin. Dans les jeux de tir, vous devez avoir une bonne vision pour ces rôles, dans d'autres genres, il est utile de connaître votre personnage sur le bout des doigts et de faire des combinaisons rapides pour étourdir vos adversaires. Les types de motivation Action et Tueur conviennent aux attaquants, tandis que les assassins doivent également penser de manière stratégique en raison de leurs points de vie réduits, ce qui correspond donc au type Maîtrise.

Les tanks requièrent généralement moins de compétences que les autres classes, mais peuvent être utilisés à un niveau élevé grâce à un bon jeu de positionnement. Si vous débutez ou si vous n'êtes pas encore sûr de vos points forts, les tanks sont un choix sûr. Le type social convient également aux tanks, car l'une de leurs tâches consiste à protéger les autres joueurs ayant moins de vie.

En fin de compte, c'est bien sûr à vous de choisir le rôle que vous souhaitez principalement jouer. Si vous préférez un rôle particulier à d'autres, ne vous empêchez pas de le jouer. Les conseils que je vous ai donnés ne sont là que pour vous guider, et non pour vous imposer des règles strictes.

Ne pas oublier le plaisir de jouer

Le point suivant est l'un des plus simples, mais le plus important. En se concentrant sur l'amélioration, la progression et le grind, une chose ne doit jamais être oubliée : le plaisir de jouer. Après tout, les jeux sont faits pour ça, pour que nous passions un bon moment en jouant. Ne vous isolez pas en jouant dix heures par jour au même mode de jeu ou au même personnage dans le seul but de vous améliorer. D'une part, c'est contre-productif et, d'autre part, vous perdrez tôt ou tard la motivation et donc le plaisir. Introduisez de la variété dans votre jeu, de quelque manière que ce soit. Que vous changiez de mode de jeu, que vous invitiez des amis à jouer ou que vous essayiez d'autres personnages, c'est à vous de décider, l'important est de ne pas vous crisper sur une seule chose.

Il y a une exception à cette affirmation, car si vous voulez devenir un professionnel de l'e-sport, un entraînement excessif, parfois centré sur un seul aspect, rôle ou personnage, est nécessaire. Dans ce cas également, vous devez bien sûr veiller à l'équilibre, mais vous n'aurez peut-être pas la liberté d'essayer quelque chose de nouveau pendant plusieurs heures, car vous devez vous concentrer sur le rôle que vous tiendriez dans un environnement professionnel.

Cependant, même si le hobby devient une profession, le plaisir ne doit pas disparaître pour autant. L'équipe League of Legends de G2 Esports, qui a non seulement dominé la ligue européenne en 2019 et 2020, mais qui a également remporté des succès internationaux, se fait toujours remarquer par le fait que les joueurs ne se prennent pas trop au sérieux. C'est évidemment sympathique, ce qui se reflète dans le grand nombre de fans.

Il n'est pas possible d'empêcher que le job de rêve de sportif électronique, s'il se réalise effectivement, s'éloigne un peu du "rêve" pour se rapprocher du "job", mais vous pouvez veiller à rester dans un environnement où le jeu n'est pas seulement une obligation, mais où il peut aussi être apprécié.

Si nous pensons plus petit et que nous voulons simplement nous améliorer, il est beaucoup plus facile d'intégrer le facteur plaisir. D'abord, vous n'avez pas besoin de passer dix heures ou plus à jouer, la plupart des autres joueurs n'ont pas le temps de le faire, même s'ils en ont parfois l'impression.

Alors, comment pouvez-vous vous amuser dans votre jeu vidéo ? La réponse la plus évidente est de jouer avec des amis, mais que faire si vous préférez un jeu hors ligne ou si vos amis ne jouent pas à la même chose que vous ? Que faire si vous jouez à un jeu depuis si longtemps que vous commencez à perdre le plaisir de ce titre ? Essayez ce qui suit :

Essayez de débloquer tous les succès. Jouez avec une nouvelle classe et essayez une nouvelle façon de jouer. Complétez les défis proposés par le jeu ou inventez vos propres défis. Vous pouvez essayer de terminer le jeu le plus rapidement possible ou de le terminer sans mourir. Si vous rendez le jeu plus difficile d'une manière ou d'une autre, vous aurez un nouveau sentiment de réussite une fois que vous l'aurez quand même terminé.

La meilleure façon d'ajouter de la variété à votre expérience de jeu est d'utiliser des mods. Ils ne sont pas supportés par tous les jeux et peuvent être compliqués à installer, surtout au début, mais si vous voulez revivre un jeu d'une manière totalement différente, les mods sont le moyen idéal de le faire. Une fois que vous vous serez familiarisé avec le modding, vous pourrez personnaliser votre jeu à votre guise.

Récupération, sommeil, équilibre - Le corps derrière l'écran

Dans le chapitre précédent, vous avez parlé de la variété et de l'équilibre dans le jeu, mais l'équilibre est au moins aussi important pour votre corps. S'améliorer dans un jeu est directement lié au fait de rester assis devant un PC ou une console. Rester assis très longtemps peut entraîner des maladies de civilisation, c'est-à-dire des maladies causées par un certain mode de vie. Il faut toutefois préciser que la plupart des adeptes de sports électroniques sont âgés de 16 à 34 ans, selon le magazine scientifique "Impulse" de l'université allemande du sport de Cologne. À cet âge, la plupart des personnes en bonne santé ne ressentiront pas directement les conséquences d'un manque d'activité physique.

Néanmoins, il est bien sûr préférable que les jeunes fassent attention à leur corps lorsqu'ils jouent. En effet, le jeu occupe généralement une telle partie de notre concentration que nous accordons moins d'attention aux questions physiques. Il existe une aspiration intuitive du corps à se soulager par le mouvement, qui est souvent réprimée ou ignorée en raison de l'attention portée au jeu. Si votre jeu vous le permet, levez-vous à intervalles réguliers et faites des étirements rapides.

Une bonne astuce consiste également à adopter la bonne posture en position assise : Le Dr Matthew Hwu, qui encadre deux équipes professionnelles de sport électronique, explique dans un entretien avec la Techniker Krankenkasse qu'il s'agit toujours de trois points importants. Le premier point est le milieu du dos, car notre tête s'y appuie et les épaules y reposent également. La poitrine doit être poussée vers le haut, mais sans trop cambrer le bas du dos. Le mouvement est en effet très minime et ne doit justement venir que du milieu du dos.

Le deuxième point est l'inclinaison de la tête vers l'avant. Vous connaissez certainement ce phénomène lorsque, dans les jeux de tir par exemple, vous vous penchez en avant pour ne pas manquer un ennemi. Vous vous rapprochez de l'écran pour scruter chaque pixel. Pour compenser ce mouvement peu naturel, nous pouvons légèrement rentrer notre menton. Il doit se trouver juste au-dessus des épaules, donc ne pas se rétracter de manière aussi extrême que dans le cas d'un double menton. Le troisième mouvement, même subtil, est de tirer les épaules vers l'arrière. Les omoplates ne doivent pas se rapprocher au niveau du dos, il s'agit simplement d'incliner légèrement les épaules vers l'arrière. Ces étapes permettent d'obtenir un meilleur alignement des muscles - il suffit de penser à ces trois points : Sortir la poitrine, rentrer le menton, reculer les épaules.

Un autre conseil de Matthew Hwu est de garder les mains dans une position droite. Le clavier et la souris doivent être placés de manière à ce que nous ne soyons pas obligés de trop plier la main pour les utiliser. Des mouvements légers et neutres sont préférables. Il suffit de s'asseoir cinq à dix minutes par jour dans la position indiquée par les quatre conseils pour que les muscles s'y habituent.

En dehors du jeu, vous pouvez prévenir les troubles en faisant du sport. Il n'est pas nécessaire de faire des séances d'entraînement de sportif extrême, quelques exercices ciblés suffisent. Les joueurs doivent faire particulièrement attention à leur dos, les meilleurs exercices pour celui-ci étant les planches, les anges muraux et les supermans. Les Mountain Climbers et les Crunches améliorent la condition physique générale et les Push-ups font travailler les bras, les épaules, la poitrine et le tronc. Ces exercices ne durent pas plus d'une minute chacun, vous pouvez donc les faire entre les jeux si vous avez peu de temps, par exemple pendant les temps de chargement.

Un dernier point important dans ce chapitre est le sommeil. En fait, la question n'est pas tant de savoir combien de temps vous dormez, mais plutôt ce que vous faites avant d'aller vous coucher. Le cerveau a besoin de temps pour se déconnecter après avoir joué. C'est pourquoi il est conseillé de faire autre chose une heure avant d'aller se coucher et de ne plus regarder

l'écran. Écouter de la musique ou des podcasts peut aider à tromper l'ennui.

Jouer, jouer, jouer

Je l'ai déjà mentionné, vous l'avez vu venir. Maintenant que la partie pratique de ce guide est lancée, nous ne pouvons plus l'éviter. Vous l'avez entendu mille fois, mais quand il s'agit de s'améliorer dans les jeux vidéo, c'est plus précis que jamais. Aucun maître n'est jamais tombé du ciel, la pratique rend parfait, et ainsi de suite. C'est le conseil le plus banal, mais aussi le plus efficace.

Si vous voulez vous améliorer dans un jeu vidéo, vous devez y consacrer beaucoup de temps. Les conseils donnés dans les chapitres précédents vous aideront à tirer pleinement parti de ce temps investi en vous montrant comment rester motivé et en forme pour de longues sessions. Maintenant, ces sessions peuvent vraiment commencer.

La première étape consiste donc à jouer. C'est l'étape la plus amusante, car vous n'avez même pas besoin de faire attention à la façon dont vous jouez. Votre gameplay brut peut être bien plus utile que si vous vous étiez efforcé de jouer le plus parfaitement possible. Les erreurs sont toujours la meilleure façon d'apprendre, mais nous reviendrons sur tout cela dans le prochain chapitre.

C'est comme ça, en théorie, vous pourriez jouer toute la journée sans jamais regarder un guide et vous vous amélioreriez quand même. Ce serait un long processus et vous pourriez passer à côté de certaines mécaniques de gameplay, mais quelqu'un qui a ce temps est clairement avantagé. Bien sûr, vous ne devriez jamais négliger la vie réelle pour ces sessions de jeu, ce serait un signe clair d'addiction, mais si vous avez le temps, rien ne vous arrête.

Néanmoins, il est bien sûr toujours plus intelligent de trouver un équilibre entre apprentissage et jeu.

Mais que se passe-t-il si vous avez peu de temps ? Vous pouvez toujours vous entraîner le week-end lors d'une soirée de jeu avec vos amis et vous pouvez généralement vous améliorer avec peu de sessions, mais la carrière dans l'e-sport est alors évidemment beaucoup plus difficile. Après tout, il s'agirait également d'un travail à temps plein. Néanmoins, même pour les personnes disposant de peu de temps, l'aspect compétitif ne doit pas être supprimé. La plupart des jeux proposent des petits tournois, même pour les amateurs, et ces événements permettent de s'amuser en équipe avec quelques amis.

Quel que soit le lieu ou la manière dont vous jouez, tant que vous y consacrez quelques heures, vous vous améliorerez. Ce guide est destiné à vous apporter une aide supplémentaire à cet égard.

Mais pour l'instant, je vous souhaite "good luck, have fun" pour la prochaine session !

L'importance du replay

Un conseil tout aussi simple, mais néanmoins important, est de regarder les replays. J'en ai parlé dans le chapitre précédent et j'ai dit que vous ne deviez pas vous efforcer de jouer particulièrement bien pendant que vous jouez et que vous ne deviez en aucun cas faire des erreurs. Vous voyez probablement maintenant où je veux en venir, car ces erreurs peuvent vous aider. Si vous reconnaissez dans le replay ce que vous faites de mal, vous pouvez vous en souvenir très concrètement et faire attention à ne pas répéter ces erreurs lors de vos prochains tours. On peut également voir ici pourquoi le replay personnel peut être si précieux : Personne ne vous copie ; ce que vous voyez est votre propre gameplay et vous pouvez facilement déterminer vos points forts et vos points faibles.

Lorsque nous jouons, nous sommes dans un état d'esprit complètement différent, car nous devons nous concentrer sur plusieurs impulsions à la fois. Ce qui se passe à l'écran doit être transmis directement au cerveau et une décision potentiellement décisive pour le jeu doit être prise rapidement. Il n'est donc pas étonnant qu'il y ait de la place pour les erreurs. En regardant le replay, vous pouvez alors jouer le stéréotype du spectateur de "Qui veut gagner des millions" ou du fan de football. "Je l'aurais su", "c'était facile" ou "pourquoi ne tire-t-il pas ?

Si c'est trop pour vous, notez simplement ce que vous auriez pu faire de mieux. Même si vous jouez à un niveau élevé, il y a toujours quelques petites erreurs. Vous pourrez comprendre à 100% pourquoi vous les avez faites, puisque vous étiez en direct, mais faites tout de même attention à ces petites erreurs lors de vos prochains matchs.

L'individualité de votre replay peut vous aider énormément, mais vous pouvez aller encore plus loin.

Les joueurs de haut niveau et les joueurs professionnels enregistrent souvent des replays qui sont ensuite téléchargés sur YouTube. Ces replays vous permettent de comparer précisément ce que ces joueurs font de différent. Il est important de noter que le jeu dans l'e-sport est souvent très différent du jeu classé normal. C'est pourquoi les replays de joueurs de haut niveau sont parfois plus intéressants que les replays d'e-sport, mais vous pouvez également aborder les replays de joueurs pro de manière plus générale et en apprendre beaucoup sur les mécanismes et les petites astuces de jeu.

Vous vous demandez peut-être maintenant où trouver des replays. Comme nous l'avons déjà mentionné, vous pouvez trouver des replays de pros sur YouTube, mais vous pourriez aussi utiliser les VOD de Twitch. Mais la question plus importante est de savoir comment enregistrer votre propre replay. Certains jeux disposent d'une fonction de replay intégrée, par exemple League of Legends, mais la plupart du temps, vous devrez probablement faire appel à des fournisseurs tiers. Si vous savez à l'avance que vous voulez enregistrer votre jeu, les options les plus courantes sont OBS Studio, Fraps ou même la barre de jeu déjà intégrée dans Windows 10. OBS Studio est, en général, le meilleur outil, mais il y aura toujours des expériences différentes avec les logiciels. Si vous vous rendez compte en cours de partie que cette partie mérite d'être enregistrée, Nvidia Shadowplay est recommandé. Cependant, Shadowplay n'est disponible que pour les utilisateurs qui possèdent une carte graphique Nvidia. Pour les AMD, il existe une alternative, Radeon ReLive.

Il convient de préciser à propos de tous les programmes qu'ils nécessitent bien entendu des performances supplémentaires et ne sont donc pas recommandés pour l'un ou l'autre PC. Cependant, si vous apportez quelques modifications aux paramètres et que vous n'avez pas nécessairement besoin de la meilleure qualité d'enregistrement, OBS Studio et Nvidia-Shadowplay, en particulier, peuvent fonctionner en arrière-plan sans trop ralentir les performances.

Le bon matériel

Puisque nous abordons le sujet des cartes graphiques et des performances du PC, il convient de jeter un coup d'œil rapide au matériel. Nvidia aime faire de la publicité avec le slogan "Frames win games", ce qui est bien sûr légèrement exagéré, mais pas faux dans le fond. Vous pouvez vous améliorer si votre jeu se bloque brièvement de temps en temps ou si vous perdez quelques frames, mais c'est définitivement moins amusant et vous êtes toujours exposé au risque que votre PC ne vous suive plus au moment le plus important. C'est pourquoi ce chapitre est consacré au matériel qui permet d'éviter de telles situations.

Beaucoup de gens se demandent quelle est la bonne souris, le bon clavier ou le bon écran. Mais les éléments fondamentaux de l'ordinateur sont également importants si l'on veut que le jeu devienne plus qu'un simple passe-temps occasionnel.

Commençons par le commencement : Ordinateur portable ou de bureau ?

Alors que les ordinateurs portables de jeu s'améliorent et qu'il existe des innovations étonnantes sur ce marché, les ordinateurs de bureau sont toujours plus performants. Il y a plus de place pour du matériel puissant, mais il faut pouvoir se le permettre. Si vous préférez une solution complète, que vous êtes souvent en déplacement et que vous pouvez perdre un peu de puissance, les ordinateurs portables de jeu ne sont plus une mauvaise décision. Les très bons modèles sont loin d'être bon marché, mais ils sont équipés d'un clavier et d'un écran (et techniquement d'une souris, mais personne n'utilise de trackpads).

Mais si vous jouez principalement dans un seul endroit, un ordinateur de bureau sera plus intéressant à long terme. Que faut-il donc y mettre ? Il y a sept composants qui constituent un PC : La carte mère, la carte graphique, la mémoire vive, l'unité centrale, le disque dur, l'alimentation et le boîtier.

La carte graphique est particulièrement importante si vous voulez jouer à des titres récents avec des paramètres graphiques élevés. Dans ce cas, vous auriez besoin d'une carte graphique avec au moins huit gigaoctets de mémoire vidéo, mais si des réglages bas vous suffisent ou si vous ne jouez pas aux titres les plus récents, vous pourriez opter pour un compromis avec quatre gigaoctets de mémoire vidéo. Il est également important que la carte graphique puisse fournir ses performances maximales sans chauffer. Pour les ordinateurs portables en particulier, mais aussi pour les ordinateurs de bureau, veillez à ce que le refroidissement soit efficace et à ce qu'il y ait suffisamment d'espace pour la circulation de l'air dans le boîtier.

Pour le CPU, vous avez le choix entre Intel et AMD. En termes de rapport qualité/prix, AMD est actuellement en tête, mais cela peut toujours changer, alors renseignez-vous avant de prendre une décision d'achat. Veillez à ce que la mémoire vive soit suffisante ; si le budget le permet, 16 gigaoctets sont recommandés, mais encore une fois, huit gigaoctets suffisent pour les titres anciens et les réglages bas.

Les jeux actuels nécessitent beaucoup d'espace de stockage, d'où la nécessité d'un disque dur de grande capacité. Il en existe deux types : le HDD et le SSD. SSD signifie Solid State Drive, il est certes plus cher que le HDD, mais il offre également des performances plus rapides. Le système d'exploitation y est stocké et vous pouvez sélectionner quelques jeux auxquels vous jouez fréquemment et les installer sur le SSD. Le disque dur peut alors accueillir tout le reste : Les images, la musique, les vidéos et les autres jeux qui nécessitent moins de performances ou auxquels vous ne jouez pas aussi souvent.

Le rôle du boîtier ne doit pas être sous-estimé. Il protège le matériel contre les impuretés et les dommages, mais contribue également au refroidissement des composants si les ventilateurs ont été conçus à cet effet.

Tout comme le boîtier, le bloc d'alimentation est plus important que vous ne le pensez. Il est bien sûr déjà présent sur les PC complets, mais veillez, surtout si vous installez par exemple une carte graphique plus puissante, à ce que le PC soit suffisamment alimenté.

Maintenant que nous avons passé en revue le matériel de l'ordinateur, nous pouvons nous pencher sur la souris, le clavier et l'écran. Heureusement, ils ne nécessitent pas autant d'attention que les composants internes. En théorie, vous pouvez réussir avec n'importe quelle souris, si l'objectif est bon, et utiliser n'importe quel clavier, tant qu'il fonctionne. Cependant, nous voulons bien sûr profiter de tous les avantages que nous pouvons obtenir dans ce domaine.

En tant que joueur, vous devriez rechercher une souris avec 2000 DPI ou plus. DPI signifie points par pouce et définit le nombre de points par pouce que la souris peut détecter. Plus la valeur DPI est élevée, plus la détection est fine et sensible.

Bien entendu, la souris doit également être adaptée à la taille de votre main afin de vous offrir une prise en main naturelle lorsque vous jouez. Que vous préfériez une souris légère ou lourde, sans fil ou avec fil, c'est à vous de décider. Il y a des avantages et des inconvénients, mais ils sont minimes. C'est à vous de décider individuellement avec quel modèle vous êtes le plus à l'aise.

Les claviers sont également une question de préférences personnelles. Le plus important est sans doute le type de touches que vous souhaitez utiliser. Le fabricant allemand Cherry propose par exemple des touches Cherry MX Brown et Black. Les switches Brown ont un faible seuil de déclenchement et conviennent donc aux jeux dans lesquels vous devez réagir rapidement et appuyer brièvement sur les touches. En revanche, dans les jeux où chaque pression sur une touche est décisive, les Black Switches conviennent car ils offrent une légère résistance, ce qui réduit les risques de mouvements accidentels.

En ce qui concerne les écrans, vous devez toujours tenir compte du taux de rafraîchissement. Plus il est élevé, plus l'écran affiche une image par seconde. Elle doit être adaptée à la résolution de votre écran, par exemple 144 Hz pour une résolution élevée comme 1440 p peut être plus agréable que seulement 50 Hz sur un écran 4K. En règle générale, le nombre d'images par seconde est important pour une expérience de jeu fluide, c'est pourquoi une fréquence de 120 Hz est recommandée. Ce n'est pas une obligation, mais vous ne regretterez pas de passer de 60 à 120 Hz.

Logiciels et sites web

Outre le matériel coûteux, il existe également toutes sortes de logiciels gratuits qui vous permettent d'améliorer les performances de votre PC. Bien sûr, ils sont loin d'être aussi efficaces que les mises à niveau matérielles, mais ils peuvent vous aider à gagner quelques FPS.

Les cinq programmes suivants vous permettront de tirer le meilleur parti d'un vieux PC.
Le "Razer Cortex : Game Booster" vous permet d'optimiser différents paramètres pour une expérience de jeu

adaptée à votre PC. Le tout fonctionne pour n'importe quel lanceur, que ce soit Steam, Origin ou Epic Games. Grâce à cette application, vous pouvez non seulement améliorer un PC déjà puissant, mais aussi tirer un peu de puissance d'une machine plus ancienne.

Pour tirer le meilleur parti de votre GPU, nous vous recommandons d'utiliser MSI Afterburner. Ce logiciel simplifie le processus généralement compliqué de l'overclocking. L'overclocking peut améliorer considérablement les performances et la vitesse de votre matériel, mais il n'est pas sans risque. Il existe un risque de surchauffe d'un périphérique trop overclocké, c'est pourquoi vous devez dans tous les cas vous informer plus précisément sur l'overclocking au préalable et régler le système de refroidissement au maximum.

CPU-Z vous fournit des informations détaillées sur les performances de votre PC afin que vous puissiez également les améliorer. Le programme est plutôt confus, mais si vous êtes sérieux à propos des sports électroniques ou du streaming, cela vaut la peine d'investir du temps. Après tout, il s'agit de tirer le meilleur parti de votre PC.

Vous avez certainement remarqué qu'avec le temps, un PC devient plus lent. Cela est généralement dû à un certain nombre de facteurs différents, mais l'un d'entre eux est l'accumulation de fichiers qui, à un certain point, prennent beaucoup de place. Pour remédier à ce problème, il existe heureusement des programmes gratuits. "Piriform CCleaner" supprime automatiquement les fichiers dont vous n'avez plus besoin. Il vous suffit de jeter un coup d'œil aux paramètres du programme pour vous assurer qu'il ne supprime pas les données enregistrées que vous souhaitez conserver. L'application est très claire, ce qui ne devrait pas poser de problème.

Si vous ne voulez pas prendre de risques, lolo System Mechanic est une bonne alternative. Il ne libère peut-être pas autant d'espace que Piriform CCleaner, mais vous n'avez pas à vous soucier de la suppression des fichiers dont vous avez encore besoin.

Une application qui ne se concentre pas sur les performances de votre PC, mais sur vos performances est f.lux. Ce programme est particulièrement recommandé si vous jouez tard dans la nuit, car il atténue automatiquement la luminosité de l'écran. Vos yeux sont épargnés et il peut vous aider à mieux vous endormir après de longues sessions.

Revenons maintenant à l'amélioration du jeu. Dans ce domaine, il n'y a pas un grand choix de programmes, car chaque jeu a bien sûr des conditions différentes. Il n'existe donc pas d'outil universel pour "devenir meilleur", mais un genre particulier est réuni par un aspect toujours très demandé. Il s'agit des jeux de tir. Que ce soit à la "première personne" ou à la "troisième personne", les jeux de tir nécessitent toujours de l'Aim. C'est pourquoi de nombreux joueurs aiment s'échauffer avec "Aim Lab". "Aim Lab" est un jeu gratuit dans lequel vous pouvez vous entraîner dans différentes arènes. Non seulement cela, mais vous obtenez également des graphiques détaillés sur lesquels vous pouvez voir votre précision. Ce jeu est l'un des meilleurs moyens de s'améliorer si vous jouez principalement aux jeux de tir.

Pour les autres genres, un tel jeu est bien sûr beaucoup plus difficile à mettre en œuvre, mais sur Internet, vous trouverez un site spécifique sur lequel vous trouverez des conseils pour presque tous les jeux - reddit. Sur reddit, vous trouverez des communautés pour presque tous les jeux. Il vous suffit de rechercher le jeu de votre choix et de rejoindre le subreddit correspondant. Vous y trouverez des messages relatifs à ce jeu, qu'il s'agisse de fanarts, de discussions ou de conseils. Un tel subreddit peut également être l'endroit idéal pour poser vos questions, car une grande partie de la communauté connaît déjà bien le jeu. Si vous jouez à un jeu populaire qui se concentre sur différents personnages, comme "Overwatch", "Apex Legends" ou "League of Legends", c'est encore mieux, car il y a souvent même des sous-redits pour des personnages spécifiques. Vous pourrez y échanger des conseils et des astuces spécifiques, ce qui vous permettra de vous améliorer rapidement avec le personnage en question.

Vous pouvez également trouver des guides spécifiques sur d'autres sites. Sur YouTube, par exemple, vous trouverez des vidéos sur presque tous les jeux. Vous pouvez également chercher des guides pour votre personnage sur Internet et voir ce que vous pouvez trouver. Si vous souhaitez maîtriser un personnage en particulier, cela vaut vraiment la peine de lire ou de regarder un guide.

Pour de nombreux jeux, il existe également un wiki, c'est-à-dire un mini-Wikipédia, qui traite explicitement du jeu en question. Vous n'y trouverez pas seulement des guides sur certains personnages, mais aussi de nombreuses informations différentes sur le jeu. Si vous êtes bloqué à un endroit ou si vous ne trouvez pas un secret, les wikis sont généralement la bonne adresse.

Le monde des pros et des streamers - Apprendre des meilleurs

Qu'il s'agisse d'e-sports dans les jeux compétitifs ou de speedrunners dans les RPG, chaque jeu a sa petite scène de professionnels qui sont à un niveau très différent de 99% des autres joueurs. Ils ont maîtrisé le jeu dans presque tous ses aspects, ce qui est si impressionnant que vous aimez regarder ces joueurs. À partir de là, vous pouvez gagner de l'argent et les nombreuses heures que vous avez passées à jouer sont récompensées. Bien sûr, certains ont beaucoup plus de succès que d'autres ; si vous voulez gagner de l'argent sur les plateformes de streaming en direct, vous devez bien commercialiser votre stream. Après tout, il y a plusieurs streamers qui jouent à un niveau très élevé. Vous avez un avantage si vous pouvez être divertissant pendant que vous jouez et convaincre les spectateurs avec votre personnalité. Mais c'est plus facile à dire qu'à faire, car le fait de divertir les téléspectateurs vous fera perdre un peu de votre concentration sur le jeu. Il faut trouver un bon équilibre.

Dans l'e-sport, il suffit de bien jouer, n'est-ce pas ? Eh bien, vous n'avez pas pour mission de divertir tous les spectateurs. Mais l'e-sport est aussi un monde différent du streaming. En raison des longues heures d'entraînement fixes, vous avez moins de temps libre pour vous-même. C'est plus professionnel et plus strict que le livestreaming, mais le revenu est plus sûr. Il faut dire que le livestreaming et l'e-sport ne sont pas incompatibles, mais il y aurait une source de revenus principale, l'autre étant en retrait.

C'est à vous de décider laquelle de ces deux façons de gagner de l'argent en jouant aux jeux d'argent vous choisissez. Mais pour avoir le luxe d'un tel choix, vous devez d'abord être très, très bon. Heureusement, il existe déjà des streamers et des sportifs électroniques dont vous pouvez vous inspirer.

Dans l'e-sport, on joue au plus haut niveau. Si vous vous inspiriez de tout ce que font ces joueurs, vous deviendriez meilleur. Mais il n'est pas si facile de se concentrer sur un joueur de sport électronique et d'apprendre de lui lors des tournois. Après tout, on essaie d'offrir au spectateur une vue d'ensemble aussi large que possible, de sorte qu'il ne se concentre pas uniquement sur un joueur.

De plus, vous devez savoir que dans de nombreux jeux, l'e-sport se joue de manière très différente des parties normales. L'enjeu est plus important et le jeu est souvent plus défensif et plus réfléchi. De plus, dans les jeux d'équipe, les pros communiquent toujours entre eux, ce qui n'est pas aussi facile dans les parties normales. Les styles de jeu sont donc plus ou moins différents et vous ne pouvez pas copier tout ce que font les pros. Néanmoins, cela ne peut pas faire de mal de regarder les meilleurs joueurs du monde. Si vous vous intéressez à l'e-sport et que vous le suivez activement, vous pouvez définitivement apprendre quelque chose sur le jeu et ainsi vous améliorer. Gardez simplement à l'esprit que vous ne pouvez pas copier toutes les stratégies une à une, car il y a souvent un manque de communication et de coordination, ce qui est naturel chez les joueurs de sport électronique.

En revanche, vous trouverez de tout sur les plate-formes de streaming en direct comme Twitch. Qu'il s'a-gisse de sportifs électroniques qui jouent quelques tours, de speedrunners ou simplement de joueurs comme vous, il y a généralement de tout. Les joueurs qui sont particulièrement bons ont de toute façon généralement une audience élevée, il ne devrait donc pas être trop difficile de les trouver. Cliquez sur quel-ques streams et regardez votre favori. Vous y app-rendrez certainement quelque chose.

Il y a cependant un avantage à chercher un petit streamer. Ceux-ci ne vous seront pas directement proposés, ce qui vous obligera à chercher un peu, mais si vous avez trouvé un streamer sympathique qui est également bon dans le jeu en question, vous aurez un petit jackpot. L'avantage est en effet que les petits streamers peuvent répondre beaucoup plus facilement au chat. Ils peuvent discuter et poser des questions par streamchat. La plupart des petits streamers seront ravis de répondre à vos questions.

Ensuite, il y a les speedrunners. Il s'agit du type de défi le plus populaire, mais il ne s'arrête pas là. No-Death, No-Hit, All-Achievements, Blindfolded, No-Level-up, No-Items et ainsi de suite, tous ces défis sont relevés par les joueurs dans leur jeu.

C'est impressionnant de voir ces joueurs, mais pouvons-nous apprendre d'eux ? Normalement oui, car pour réussir de tels runs, ils doivent connaître le jeu sur le bout des doigts. Cependant, lors d'un speedrun, des bugs et des glitchs font parfois sauter de grandes parties du jeu. Si cela vous dérange, ce n'est toutefois pas un problème, car il existe différentes catégories dans le speedrunning. Any % signifie qu'il est possible de sauter autant de parties que possible, car il s'agit uniquement de terminer le jeu le plus rapidement possible. 100 %, en revanche, signifie terminer le jeu en entier. Chaque succès est obtenu et chaque zone optionnelle est terminée.

Vous pouvez imaginer que la différence de temps entre ces deux catégories est énorme. Entre les deux, il y a par exemple les All-Bosses, dans lesquels il est possible de sauter des zones, mais pas de boss. Donc, si vous avez des problèmes avec les combats de boss, ces runs vous permettent d'apprendre des stratégies contre les ennemis les plus difficiles. Tous ces aspects déterminent donc l'objectif de chaque run. Mais ensuite, on distingue encore si les glitches sont autorisés. Si vous voulez voir le jeu tel que vous l'avez probablement vécu, il vous suffit de chercher "glitchless speedruns". Il peut être très amusant de voir des speedrunners qui étaient au début du jeu et qui sont soudainement téléportés à l'autre bout de la carte à cause d'un glitch, mais si vous voulez voir comment parcourir chaque zone du jeu efficacement et rapidement, alors "glitchless" est fait pour vous.

Les jeux compétitifs tels que "Valorant", "League of Legends" ou "Rainbow Six Siege" ne peuvent évidemment pas être joués le plus rapidement possible, mais il y a aussi des joueurs qui veulent atteindre un haut rang en un seul stream, par exemple. Dans de tels streams, vous pouvez voir ce qu'un très bon joueur fait différemment et comment il monte rapidement en grade.

Mais c'est justement la beauté du monde des pros et des streamers, il y en a à nouveau pour tout le monde. Quel que soit le jeu, quel que soit le type de run, en cherchant un peu, vous trouverez un événement e-sport ou un stream qui vous aidera à vous améliorer.

Coachs

Vous connaissez maintenant les principaux conseils et astuces que tout joueur peut utiliser. On pourrait dire que les choses sérieuses commencent. Alors que les conseils précédents étaient plutôt généraux, les conseils suivants sont destinés aux joueurs qui prennent au sérieux les très hauts rangs, le jeu compétitif et l'e-sport.

Si vous êtes un de ces joueurs, vous pouvez envisager d'investir dans un coach. Des sites comme "gamersensei", "gamercoach" et "gamerlegion" permettent de réserver des coachs pour des sessions. Les coachs sont d'anciens sportifs électroniques ou des sportifs actifs qui vous aident à vous améliorer dans votre jeu. Ils

savent tout sur le jeu et vous transmettent ces connaissances. C'est pourquoi les coachs sont globalement
l'une des meilleures méthodes pour devenir meilleur
dans un jeu.

Mais il y a bien sûr un hic, car les coachings
coûtent de l'argent. Ce serait un peu trop beau si ce
n'était pas le cas, mais les coachs investissent aussi du
temps en vous. La plupart des coachs prennent entre
dix et trente euros de l'heure, mais dans certains cas ou
pour des formations spécifiques, il faut parfois dé-
bourser 90 euros ou plus. Si les très bons coachs se
cachent derrière un paywall aussi élevé, cela décourage
naturellement. C'est un prix élevé, mais si vous envi-
sagez de faire appel à un coach, vous avez aussi un objectif élevé.

Tous les joueurs pro ne se sont pas fait coacher en
arrivant au sommet, mais dès que vous rejoignez une
bonne équipe d'e-sport, vous en aurez un. En effet, de
bons coachs sont essentiels pour une équipe d'e-sports.
Ils remplissent de nombreuses tâches différentes et ont
toujours en tête l'objectif d'amener leurs joueurs au
succès.

Les tâches d'un entraîneur consistent à analyser la
méta actuelle, à fixer des horaires pour l'entraînement
et, le cas échéant, à travailler en étroite collaboration

avec l'analyste de l'équipe pour consulter les statistiques et identifier les erreurs spécifiques. Ils doivent également veiller à la cohésion entre les joueurs, à une atmosphère positive et à un bon esprit d'équipe. Les problèmes personnels des joueurs sont également pris en charge. Avec autant de tâches, il n'est pas étonnant que les équipes professionnelles aient souvent plusieurs entraîneurs spécialisés dans différents domaines. Dans votre cas, le coach ne s'occupe évidemment pas de toute l'équipe, mais seulement de vous, mais les bons coachs assumeront de nombreuses tâches pour une seule personne.

Donc, si vous êtes tout à fait sûr de pouvoir réussir dans l'e-sport et que vous avez l'argent, un peu d'aide pourrait valoir la peine. Le grand avantage des coachs est que vous pouvez poser des questions spécifiques et obtenir des conseils précis sur votre style de jeu individuel. De plus, les coachs ont souvent des connaissances à offrir non seulement sur le jeu, mais aussi sur l'industrie des sports électroniques dans son ensemble. Ils peuvent donc vous aider à construire votre marque, vous suggérer des tournois dans lesquels vous pouvez vous faire un nom, et peut-être même vous servir de modèle.

Si vous trouvez un bon coach qui vous aide à long terme, il peut avoir un impact très positif sur votre carrière. Si vous avez de mauvais jours et que vos tours de piste ne se sont pas bien déroulés, un bon coach vous soutiendra également sur le plan émotionnel.

Dans l'ensemble, on peut dire qu'il existe des coachs pour tout le monde, même pour les joueurs qui débutent. Dans ce cas, c'est à vous de décider si cela vaut vraiment la peine de dépenser de l'argent pour un coach. Si vous avez l'argent, vous pourrez certainement maîtriser un jeu plus rapidement que sans coach. Cependant, vous ne devriez normalement pas envisager de recourir à un coach avant d'avoir atteint un rang assez élevé et de ne plus avoir l'impression que gagner de l'argent en jouant n'est pas trop irréaliste. Dans ce cas, informez-vous au préalable afin de ne pas dépenser inutilement de l'argent pour des coachs qui vous disent des choses que vous savez déjà.

Faites quelques recherches pour savoir où trouver de bons coachs qui seront peut-être là pour vous à long terme. Le moins souvent vous devez changer, le mieux c'est. Après tout, vous devez apprendre à vous connaître au début pour que la formation soit adaptée à vos forces et faiblesses individuelles.

Si tout se passe bien, vous pouvez franchir le pas.
Je peux déjà vous dire que si vous jouez déjà à un niveau élevé, un coach sera, avec un peu de chance, l'une
des dernières étapes avant une carrière dans l'e-sport.

Tournois et ligues

Si vous voulez maintenant vous faire un nom sur la scène de l'e-sport, ou simplement jouer de manière compétitive, les tournois et les événements sont une bonne option. Ne vous inquiétez pas, ils sont disponibles pour presque tous les rangs, pas seulement pour les meilleurs des meilleurs. Le premier nom qui vient à l'esprit quand on pense aux tournois de jeux pour tous les joueurs est probablement l'ESL.

ESL Gaming est la plus grande entreprise d'e-sport au monde, organisant des tournois en ligne et hors ligne. Cela va des ligues professionnelles comme l'Intel® Extreme Masters et l'ESL-Pro League aux ligues amateurs. Il vous suffit de vous inscrire en ligne et de choisir le jeu dans lequel vous souhaitez jouer des tournois. Si vous réussissez, vous vous faites remarquer et vous avez ainsi la possibilité de participer à des ligues de plus en plus élevées. Vous n'êtes pas seul, car dans les jeux d'équipe, vous et vos amis pouvez vous inscrire en tant qu'équipe et vous battre ensemble pour remporter le tournoi. L'ESL est donc un bon point de départ pour acquérir de l'expérience dans les formes de tournois et le jeu compétitif.

Cependant, vous trouverez sur Internet de nombreuses autres possibilités de jouer en tournoi. "Checkmategaming et gameturnier proposent des formats similaires à ceux de l'ESL et sont un peu plus clairs. Cependant, en raison de sa notoriété, l'ESL est probablement le meilleur choix, car les succès dans les ligues supérieures peuvent vous aider à vous faire connaître dans le milieu du sport électronique.

L'étape suivante consiste à trouver une équipe. Si vous êtes très bon et que vous vous distinguez dans vos matchs de tournoi, il se peut qu'une équipe vous trouve. Sinon, vous pouvez communiquer avec d'autres joueurs et des équipes existantes sur des sites tels que "Teamfind" afin d'être éventuellement accepté. Les serveurs Discord, les subreddits et les groupes Steam sont également une bonne option.

Pourquoi est-il bon de jouer de manière compétitive et de se mesurer à des joueurs qui sont peut-être même meilleurs que vous ? Parce que cela vous permet d'apprendre beaucoup de choses, par exemple comment les autres joueurs jouent à votre niveau. Dans les parties en ligne classées, l'expérience sera toujours un peu différente de celle vécue face à une équipe bien rodée, qui communique également entre elle. Les tournois et les événements vous permettent d'acquérir une expérience qui va au-delà du simple fait de jouer.

Pour finir, parlons de la différence entre les ligues et les tournois. Tout d'abord, il faut dire que les ligues durent évidemment beaucoup plus longtemps. Alors que certains tournois ne se déroulent que sur un week-end, vous joueriez dans une ligue pendant plusieurs mois. Cependant, l'avantage est que vous échangez beaucoup avec les autres participants, que vous vous améliorez avec le temps et que vous rejoignez généralement un environnement normalement convivial. Pour satisfaire les joueurs, les ligues amateurs ne vous obligent pas à être toujours présent à une heure précise. Bien sûr, vous devrez jouer à un moment donné, mais il y a généralement plusieurs horaires parmi lesquels vous pouvez choisir celui qui vous convient.

Les tournois sont plus rapides. Vous pouvez vous inscrire seul ou avec votre équipe et, dans certains cas, jouer directement pour gagner des prix. Toutefois, si vous passez une mauvaise journée, vous serez éliminé. S'il y a des prix à gagner, il y aura probablement beaucoup de très bons joueurs qui ne vous laisseront pas gagner facilement. Mais si vous avez envie de tenter votre chance, rien ne vous empêche de le faire. Cela ne peut pas vous faire de mal, et qui sait, vous pourriez être meilleur que les autres et remporter non seulement des prix, mais aussi du prestige.

Que diriez-vous d'être un e-sportiste ?

Nous arrivons maintenant à la fin de ce guide, c'est pourquoi je vais résumer dans ce dernier chapitre les conseils les plus importants pour devenir un meilleur joueur. Enfin, j'aborderai ce que signifie devenir et être un e-sporter.

Alors que la première partie de ce livre a expliqué les conditions de base, la deuxième partie fait ressortir cinq points clés qui vous permettront d'aller le plus loin.

1. Jouer, jouer, jouer
2. Replays
3. Apprendre des meilleurs
4. Coachs
5. Tournois et ligues

Vous commencez donc par faire ce que vous faites probablement déjà. Vous jouez au jeu dans lequel vous voulez vous améliorer. Plus vous jouez, mieux c'est, mais veillez à ne jamais négliger votre travail, votre corps ou vos relations sociales.

Prenez ensuite l'habitude de regarder de temps en temps les replays des parties que vous avez jouées. Regardez ce que vous auriez pu faire de mieux après coup. Si vous voulez aller encore plus loin, comparez vos replays avec ceux des joueurs professionnels.

Cela rejoint l'étape 3, car si vous ne pouvez pas apprendre grand-chose de vous-même, apprenez des meilleurs joueurs du jeu en question. Choisissez si vous préférez regarder les sports électroniques ou les flux Twitch et observez ce que ces joueurs font de plus différent que vous. Dans l'idéal, vous pouvez bien sûr regarder les deux.

Il s'agissait des étapes que toute personne souhaitant simplement s'améliorer un peu peut vraiment franchir. Les deux dernières étapes représentent un investissement un peu plus important, mais si vous avez la motivation et que vous rêvez d'une carrière dans l'e-sport, ces points vous rapprochent.

Donc, étape numéro quatre : les coachs. Faites appel à un bon coach avec lequel vous pouvez vous entendre. Idéalement, vous devriez être soutenu non seulement dans le jeu, mais aussi mentalement. Trouver le bon coach prend du temps et, bien sûr, de l'argent, mais à long terme, cela en vaut la peine. Après tout, les coachs prennent en compte vos forces et vos faiblesses personnelles, ce qui en fait l'un des moyens les plus efficaces pour s'améliorer de manière significative.

Si vous voulez maintenant vous faire un nom, participez à des ligues et des tournois. Si vous remportez des succès, il y a de fortes chances que vous trouviez une équipe avec laquelle commencer votre carrière. Dans l'ensemble, les tournois et les ligues visent à vous faire connaître en tant que joueur. Néanmoins, il faut savoir que tout le monde peut participer. Il existe suffisamment de ligues amateurs dans lesquelles vous pouvez acquérir une expérience compétitive, même si vous n'êtes pas très sérieux au sujet de votre carrière dans l'e-sport. Avec une équipe de quelques amis, vous prendrez certainement plaisir à vous mesurer aux autres. Terminons ce livre par une expérience de pensée : vous jouez depuis des années à un jeu qui vous plaît toujours autant. A force de jouer, vous vous êtes bien sûr amélioré, mais vous savez que vous pouvez faire encore mieux. Vous vous fixez donc comme objectif de devenir un sportif électronique.

Vous jouez encore plus d'heures par jour et analysez vos replays après les sessions de jeu. Ce qu'il vous reste de temps libre est utilisé pour regarder des joueurs professionnels jouer. Vous apprenez d'eux d'autres mécanismes et mouvements de jeu. Vous vous rendez compte que les choses s'améliorent dans les parties classées. Vous décidez de tenter votre chance. Vous invitez quelques amis à participer à un tournoi amateur.

Tout se passe bien au début, mais en quart de finale, vous n'avez plus aucune chance. Malgré tout, vous avez pris plaisir à jouer de manière compétitive contre d'autres équipes. De plus, vous étiez le meilleur joueur de votre équipe et vous voyez toujours un potentiel en vous. C'est pourquoi vous osez passer à l'étape suivante et faire appel à un coach. Ce n'est certes pas bon marché, mais vous vous rendez compte que vous retirez vraiment quelque chose des séances de coaching. Vous apprenez rapidement et jouez constamment à un niveau très élevé. Vous êtes maintenant dans le TOP 1% des joueurs actifs. Vous avez beaucoup de temps libre en ce moment et vous voyez cela comme l'occasion parfaite de vous inscrire dans une ligue. Lentement mais sûrement, vous gravissez les échelons.

La concurrence est de plus en plus rude, mais vous êtes aussi un excellent joueur. Malgré tout, vous n'avez pas encore été contacté par une équipe, c'est pourquoi vous voulez vous faire remarquer. Vous diffusez votre gameplay sur Twitch et téléchargez les meilleurs moments sur YouTube. Vous diffusez également des matchs pour la ligue, ces streams apportent généralement quelques spectateurs supplémentaires. Cela prend du temps, mais après deux mois de streaming actif, vous avez quelques fans. Une petite quantité de spectateurs actifs de la ligue se souviennent de votre nom et sont heureux lorsque vous faites des kills ou gagnez. Pourtant, vous ne recevez pas de demandes. Dans le groupe Steam de votre jeu, sur le subreddit et sur un serveur Discord, vous écrivez que vous cherchez une équipe.

En effet, un modérateur Discord vous écrit et vous donne une adresse e-mail où vous pouvez postuler pour faire partie d'une équipe. Votre coach vous en dit un peu plus et vous êtes accepté. Vous avez enfin une équipe.

Ce que vous devez apprendre maintenant, c'est à jouer en équipe. Vous n'êtes plus, comme en tournoi avec vos amis, celui qui a le plus de kills à chaque tour. Vous mourrez de temps en temps parce que vous jouez trop agressivement. Dans votre ligue précédente, cela allait normalement, mais les équipes que vous devez maintenant affronter sont encore plus coordonnées et plus dangereuses. C'est pourquoi votre style de jeu doit maintenant changer légèrement. Il se rapproche davantage des joueurs de sport électronique que vous suiviez activement auparavant, mais dont le gameplay défensif ne s'appliquait pas toujours aux parties en ligne normales. Vous devez jouer avec votre équipe et votre équipe doit jouer avec vous. Avec le temps, vous vous habituerez à cette nouvelle façon de jouer.

Une fois que vous êtes devenus une équipe bien rodée, vous remportez plus de succès. Maintenant que vous vous êtes complètement habitués à un style de jeu plus compétitif, vous avez de nouveau plus souvent le plus de kills. Vous aimez vos coéquipiers, mais plus vous jouez, plus vous vous rendez compte que vous pourriez faire mieux. Votre équipe vous retient-elle ?

Vous n'en êtes pas encore tout à fait sûr. La fin de la saison approche et votre équipe se trouve dans le tiers inférieur du classement. Ce n'est pas tout à fait ce que vous espériez au début, mais après tout, c'était aussi votre première saison dans cette ligue et à ce niveau. Lors de la deuxième saison, vous donnez tout. Vous réalisez des performances brillantes dans le jeu et vous êtes motivé pour faire toujours mieux.

Vous vous engagez le plus et vous vous entraînez le plus longtemps. Même contre les équipes les plus fortes, vous ne faites pas le poids. Mais à la fin de la saison, vous savez que tout cela ne suffira pas. Vous vous rendez compte que votre équipe n'est pas à la hauteur de vos performances. Le matin du dernier jour de match, vous êtes encore un peu frustré, mais vous vous réveillez avec un e-mail qui pourrait tout changer. Il provient du manager d'une autre équipe, qui recherche des talents car l'un de ses joueurs a quitté l'équipe à la fin de la saison. Lors des matchs que vous avez joués contre cette équipe, vous vous êtes particulièrement distingué.

Ils acceptent l'offre et se réjouissent de la prochaine saison. Les débuts sont un peu difficiles, quand on a une nouvelle équipe, il faut toujours une période d'adaptation. Mais ensuite, tout s'accélère. Votre équipe domine la ligue et se qualifie pour la finale. Vous et vos coéquipiers êtes naturellement nerveux, ce qui rend les premières manches beaucoup trop serrées à votre goût. Cependant, lors d'une pause entre les tours, votre coach vous remonte le moral. Si vous voulez atteindre le sommet, vous devez faire vos preuves sur la grande scène. Après le discours de votre coach, vous pouvez enfin montrer aux spectateurs que votre équipe est la meilleure ce soir-là. Le moment dont vous rêviez depuis si longtemps est arrivé.

Bon, l'expérience de pensée peut être close à ce stade. C'est une belle idée, mais les chances que tout fonctionne comme dans cet exemple ne sont pas très élevées. Trouver un bon coach n'est vraiment pas une tâche facile. Beaucoup peuvent donner l'impression de dire des choses importantes, mais n'apportent en fait aucune véritable valeur ajoutée. Il est également peu réaliste de vouloir se développer rapidement sur des plateformes de streaming en direct comme Twitch. Plus le gameplay est bon, plus les spectateurs seront heureux de vous regarder jouer, mais ils doivent d'abord trouver votre stream. Être présent sur le plus grand nombre possible de plateformes de médias sociaux peut certes vous aider à faire connaître votre nom, mais un peu de chance est nécessaire.

Mais même si les chances sont faibles, elles ne sont jamais nulles. Avec beaucoup de motivation, beaucoup de temps investi et un peu de chance, vous pouvez faire le saut vers le sport électronique.

Que ce soit cette voie ou que vous ayez simplement lu le guide pour vous améliorer un peu dans votre jeu préféré, nous sommes arrivés à la fin. Il ne me reste donc plus qu'à vous souhaiter "good luck, have fun". Sur ce, good luck, have fun.